Grundriss
des gesamten deutschen Rechts
in Einzelausgaben
von
Paul Posener

26. Band

Volkswirtschaftslehre

Preis 90 Pf.

Berlin
J. Guttentag, Verlagsbuchhandlung,
G.m.b.H.

Grundriß
des gesamten
deutschen Rechtes
in Einzelausgaben
von
Paul Posener.

26. Band.

Besondere Volkswirtschaftslehre.

Berlin 1904.
J. Guttentag, Verlagsbuchhandlung,
G. m. b. H.

Inhaltsverzeichnis.

I. Kapitel.

Agrarwesen.

1. Abschnitt:

Agrargeschichte.

2. Abschnitt:

Das moderne Agrarwesen.

3. Abschnitt:

Agrarpolitik.

II. Kapitel.

Gewerbewesen.

1. Abschnitt:

Geschichte des Gewerbewesens.

2. Abschnitt:

Das moderne Gewerbewesen.

3. Abschnitt:

Gewerbepolitik.

III. Kapitel.

Der Handel.

I. Kapitel.

Agrarwesen.

§ 1. Technische Grundlagen.

Agrarwesen umfaßt alle wirtschaftlichen Erscheinungen, welche die Gewinnung und Verwertung der dem menschlichen Bedarfe dienenden Bodenerzeugnisse zum Gegenstande hat.

Agrarpolitik ist die Gesamtheit aller staatlichen Maßnahmen, die das Agrarwesen umfassen, insbesondere eine Veränderung der bestehenden rechtlichen Grundlage bezwecken; insbesondere vgl. w. u. Seite 15.

Faktoren der landwirtschaftlichen Produktion:

a) **räumlich:** der Ort der Produktion ist auf der Erdoberfläche fest bestimmt;
b) **temporal:** die Produktion ist der Zeit nach von der Natur abhängig und an bestimmte Produktionszeiten gebunden;
c) **qualitativ** und **quantitativ** gibt die Beschaffenheit des Bodens der Produktion bestimmte Richtung und Grenzen;
d) **Arbeitsbedarf** schwankt je nach den natürlichen Verhältnissen;
e) **Arbeitsteilung** wenig entwickelt;
f) geringe **Spezialisierung** der einzelnen Arbeitsverrichtungen.

Gesetz der Statik: der Fruchtbarkeitsgrad eines Bodens ist nur dadurch zu erreichen, daß die Bestandteile, die durch das Wachstum der Pflanzen ihm entzogen werden, ihm auf irgend eine Weise wieder zugeführt werden, nämlich:

a) durch Stalldünger, von der eigenen Wirtschaft genommen;

b) durch Kunstdünger, auf andere Weise zugeführt. Humustheorie von Thaer; Mineraltheorie von Liebig.

Bodengesetze:

a) bei verschiedener Fruchtbarkeit und demselben Arbeitsaufwande liefern Böden von derselben Größe verschiedene Erträge;

b) bei bestimmter Fruchtbarkeit und bestimmter Technik liefert ein Boden durch Vermehrung der Arbeit verhältnismäßigen Mehrertrag.

Arten der landwirtschaftlichen Produktion:

a) Ackerbau und Viehzucht;

b) Ackerbau und Anwendung animalischer und mechanischer Kräfte oder Gartenbau mit Spatenbetrieb;

c) Stoffersatzbetrieb und Raubbau;

d) extensiv und intensiv, wobei die Intensität das Kapitel oder die Arbeit betreffen kann.

Wirtschaftssysteme sind die Typen des Produktionsprozesses innerhalb eines landwirtschaftlichen Betriebes; zu unterscheiden:

A. **nach den zu gewinnenden Produkten**:

1. **reine Weide- und Graswirtschaft**: es werden ausschließlich Futterpflanzen hervorgebracht;

2. **vorzugsweise Produktion einer Pflanzengattung**:

a) Koppelwirtschaft oder rohe Feldgraswirtschaft: der Boden wird zu Acker (für Marktpflanzen) und als Weide (für Futterpflanzen) nach regelmäßiger Schlageinteilung verwendet;

b) vorzugsweise zur Produktion von Körnerfrüchten infolge endgültiger Teilung des Bodens in Acker und Weide; Arten der Körnerwirtschaft:

α) primitive Feldwirtschaft mit reiner Brache;

β) verbesserte Dreifelderwirtschaft mit besommerter Brache.

3. **Fruchtwechselwirtschaft**: gleichmäßige Produktion von Futter und Körnern durch Abwechselung in der Bebauung des gesamten Bodens mit Halmen und Blattpflanzen.

4. **Freie Wirtschaft**: Wechsel im Betriebe beliebiger Produktionen irgend welcher Frucht ohne Fruchtfolge.

B. **nach der Teilung des Bodens**, je nachdem der Boden beständig einer Produktionsgattung vorbehalten ist oder wechselt;

C. **nach der Fruchtfolge**.

1. Abschnitt.

Agrargeschichte.

§ 2. Die älteste Entwickelung.

Agrarische Produktion in den **Geschlechterverbänden**, die gleichzeitig wirtschaftliche Einheiten darstellen.

Wald und Waldnutzung bleibt dem größeren Geschlechterverbande auch dann noch gemeinsam, nachdem bereits die kleineren Verbände, z. B. Sippschaft, Familie, eine wirtschaftliche Einheit darstellen und Acker nutzen.

Nach dem Untergange der Geschlechterverbände erstarken die **Familien**: Verteilung des Landes unter die einzelnen Familien, Zuteilung von Höfen.

Arten der Aufteilung in Deutschland:

a) Einzelhofsystem: der Einzelne erhält ein zusammenhängendes Besitztum;

b) Flurzwang: der Einzelne erhält Stücke Landes, die in verschiedenen Gewannen belegen sind.

§ 3. Der Großgrundbesitz.

Ödland wird von Fürsten okkupiert und an Beamte verschenkt oder zur Leihe gegeben. Austeilung dieses Landes an Personen in Halbfreiheit oder Sklaverei mit der Verpflichtung, Abgaben und Dienste zu leisten.

Abstufungen:

a) Herrenhöfe;

b) Freibauernwirtschaften, später jedoch häufig vom Grundherrn abhängig und zinspflichtig;

c) bäuerliche Wirtschaften minderen Rechtes.

§ 4. Die gutsherrlich-bäuerliche Verfassung.

Gutsherrschaft bedient sich zur Produktion abhängiger Personen, über deren Arbeitskräfte sie auf Grund der Erbuntertänigkeit zu verfügen befugt ist.

Erbuntertänigkeit umfaßt:

a) Fronden;

b) Fehlen der Freizügigkeit;

c) Gesindedienstzwang;

d) Verschlechterung des Besitzes.

§ 5. Die moderne Agrarverfassung.

Die alte Agrarverfassung ist unhaltbar geworden, da sie der Forderung nach größerer Intensität des Betriebes widerspricht, auch mit der natürlichen Wirtschaftsordnung und den sittlichen Forderungen der Neuzeit nicht in Einklang zu bringen ist.

Moderne Agrarreform bezweckt:

1. Beseitigung der Untertänigkeit und Herstellung freier Arbeitsverhältnisse, insbesondere Aufhebung der Fron- und Gesindepflichten, ferner noch Gewährung der Freizügigkeit;
2. Eigentum an Grund und Boden soll individuell werden, Erwerb und Veräußerung soll jedem Inhaber gestattet und möglich sein;
3. Befreiung des Eigentums von dem dominium directum, von Abgaben und Zehnten;
4. Beseitigung der alten Verbände der Dorfgemeinschaft, insbesondere Gemeinheitsteilung, Flurbereinigung, Verkoppelung, Zusammenlegung.

Über die Gesetzgebung betreffend die Agrarreformen in Preußen siehe Grundriß **22**.

2. Abschnitt.

Das moderne Agrarwesen.

§ 6. Arbeitsverfassung.

Arten der landwirtschaftlichen Arbeiter:

a) **selbständig** sind solche, die einen wirtschaftlich selbständigen Betrieb eigentümlich oder pachtweise haben, und zwar:

α) Gutsherren, die nur die Arbeit leiten,

β) Bauern, die selbst mitarbeiten, und zwar:

aa) nur mit Unterstützung der Angehörigen der Familie (Kleinbauern);

bb) unter Zuhilfenahme fremden Personales (Großbauern);

b) **unselbständige** Arbeiter sind solche, die in der Wirtschaft eines anderen landwirtschaftliche Arbeiten verrichten, und zwar:

α) kontraktliche Arbeiter, die auf Grund eines Arbeitsvertrages von gewöhnlich einjähriger Dauer auf dem Gute Wohnung haben und zu landwirtschaftlichen Diensten verpflichtet sind.

Unterarten der kontraktlichen Arbeiter sind:

aa) **lediges Gesinde**, auf Jahreslohn und Beköstigung angestellt,

bb) **Deputanten**, hier wird mit der Familie des Arbeiters ein Vertrag abgeschlossen: die Familienmitglieder arbeiten in der Wirtschaft oder auf dem Felde, erhalten Familienwohnung auf dem Gute und Bezahlung in Geld oder Naturalien,

cc) **Instleute**, ebenfalls Vertrag mit der Familie: sie erhalten Wohnung und Heizung frei, ferner ein Stück Land, Weide, Teil des Drusches, sowie für die Zeit, wo nicht gedroschen wird, Tagelohn;

β) freie Arbeiter, nicht gutsangehörig, ohne Wohnung auf dem Gute, ohne langen Vertrag, ohne Vertrag mit der Familie; Arbeit bestimmt, Lohn vereinbart.

Unterarten der freien Arbeiter sind:

aa) **Häusler**, Käthner, Büdner: freie Arbeiter, die eine eigene Wirtschaft auf eigenem oder pachtweise erhaltenem Lande erhalten,

bb) **Losleute**, Einlieger: wohnen im Dorfe, und zwar, indem sie die

Miete abarbeiten oder abzahlen, als Äquivalent für ihre Dienste erhalten sie Geld.

γ) Heuerleute, Heuerlinge pachten vom Arbeitsherrn ein Stück Land, verpflichten sich aber, eine gewisse Zeit (eine Zahl von Tagen) gegen billigeren Lohn bei ihm zu arbeiten.

Früher **naturalwirtschaftliches Verhältnis** zwischen Herrn und Arbeiter, patriarchalisch, besonders in Ostelbien, Tendenz zur Umwandlung in ein rein proletarisches Arbeitsverhältnis infolge des kapitalistischen Charakters der Gutswirtschaft und des Strebens der landwirtschaftlichen Arbeiter, mehr Rechte und bessere Lebenshaltung zu gewinnen. Folgeerscheinungen: periodischer Arbeitsmangel, Sachsengängerei, Zuzug ausländischer Arbeiter.

Klassenbewegung der ländlichen Arbeiter in Deutschland **nicht** vorhanden; Bewegungen in dieser Hinsicht in Irland, Ungarn u. a.

Proletarische Bewegung der Landarbeiter wird insbesondere dadurch gehindert, daß ein großer Teil freier Arbeiter kein Interesse daran hat, daß ferner bei patriarchalischen Zuständen ein Klassenbewußtsein der Arbeiter ausgeschlossen ist; Großbetriebe sind selten, daher fehlen die Voraussetzungen für eine solche Bewegung.

§ 7. Die Entwickelungsfaktoren der Landwirtschaft.

Entwickelung der Landwirtschaft wird beeinflußt:

a) durch objektive Faktoren, nämlich — von der allgemeinen Rechtsordnung abgesehen — durch die Lage des Marktes;

b) durch subjektive Faktoren, d. i. die Tätigkeit der das Agrarwesen führenden Personen.

Preisbildung für Agrarprodukte hat zu berücksichtigen:

a) Mehrproduktion auf bestimmter Fläche bei einer gewissen Höhe der Technik verteuert;

b) Marktpreis ist nicht der jeweils niedrigste, sondern gerade der jeweils höchste Preis der Produktionseinheit.

Einwirkung des Preises auf die Entwickelung der Landwirtschaft:

a) **für das Betriebssystem**:

α) der Preis stellt die Maximalintensität für eine bestimmte Zeit, Bodenqualität und Entfernung vom Markte dar;

β) die Minimalintensität ist objektiv nicht bestimmbar, weil bei minderwertigen Betriebssystemen zwar geringerer, aber dennoch konkurrenzfähiger Ertrag erzielt wird;

γ) freie Konkurrenz von geringer Bedeutung, denn bei fallenden Preisen ist zwar extensivere Wirtschaft erforderlich, hingegen bei steigenden Preisen intensivere Wirtschaft nicht notwendig, höchstens wahrscheinlich.

b) **Minimalintensität** kann erst dann erreicht werden, wenn der Boden verschuldet oder so klein ist, daß erst bei einer gewissen Intensität der Bewirtschaftung eine Ernährung des Landwirtes und seiner Familie möglich ist.

c) Je größer die Intensität, desto stärkere **Tendenz zur Verkleinerung** der Großbetriebe; je größer die Extensität, desto stärkere Tendenz zum Großbetriebe.

d) **Unternehmungsform** wirkt nicht unmittelbar auf die dinglichen Rechtsverhältnisse ein.

§ 8. Die Entwickelung der dinglichen Rechtsverhältnisse.

Im 19. Jahrhundert (1820—1870) stiegen anfangs die Getreide- und Viehpreise; daher größere Intensität des Anbaues und zunehmende Produktion. Bei Beginn des letzten Jahrhundertviertels größeres Angebot von Agrarproduktion aus Ländern niedriger Kultur; daher sinkende Preise.

Folgen dieser Veränderung des bisherigen Zustandes:

a) Anpassen der bisherigen Produktionen durch Veränderung der Kultur oder durch größere Extensität der Wirtschaft,

b) oder Unmöglichkeit einer solchen Anpassung infolge der natürlichen und wirtschaftlichen Verhältnisse, daher: Agrarkrisis, Gefährdung einer erheblichen Zahl von Landwirten durch zu geringen Reinertrag.

Entwickelungstendenzen in den Verhältnissen des ländlichen Eigentumes:

a) in Südwestdeutschland: Dezentralisation des Eigentumes und der Betriebe, insbesondere als Folge der in der napoleonischen Zivilgesetzgebung vorgeschriebenen **Realteilung** im Erbgange;

b) in Mitteldeutschland: Ständigkeit in den bäuerlichen Besitzverhältnissen;

c) in Ostdeutschland: Bildung von Großbesitzen unter Aufsaugung der spannfähigen Bauernstellen, namentlich infolge des Vorhandenseins von Fideikommissen, **Arbeiter**not und Landhunger.

Über die rechtliche Entwickelung vergl. Grundriß Band **22.**

In der 1. Hälfte des 19. Jahrhunderts zunehmende **Verschuldung von Grund und Boden**; Arten der Verschuldung sind:

a) **nach der Sicherstellung**:
  - α) Personalkredit,
  - β) Realkredit;

b) **nach dem Schuldgrunde**:
  - α) Besitzkredit, und zwar entweder als Restkaufschilling oder als Erbteilungsgeld,
  - β) Meliorationskredit,
  - γ) Kredit für andere Zwecke.

Besitzkredit stellt etwa $^2/_3$ bis $^3/_4$ der Gesamtverschuldung dar.

Für die wirtschaftliche Bedeutung der Verschuldung kommt neben dem Reinertrage in Frage:

a) der Ertragswert: d. i. der aus dem Reinertrage durch dessen Kapitalisierung berechnete Wert;

b) der Verkehrswert: d. i. der auf dem Markte durch Angebot und Nachfrage gebildete Wert des Bodens.

Verkehrswert sucht den Ertragswert zu erreichen oder zu übersteigen, insbesondere auf kleinen Gütern; je höher der Verkehrswert, desto höher die Verschuldung.

Bei Verschuldung oder hohem Verkehrswerte ist ein Anpassen an die Schwankungen des Marktes **nicht** möglich, so daß bei sinkenden Preisen eine Agrarkrisis zu erwarten ist.

3. Abschnitt.

Agrarpolitik.

§ 9. Betrieb und Eigentum.

I. Maßnahmen zur wirtschaftlichen Förderung und erfolgreichen Gestaltung des Agrarbetriebes können bezwecken:

a) **Gewährleistung oder Steigerung des Reinertrages**, indem:

α) entweder **schützende** Maßregeln gegen Schädigung durch die Elemente (z. B. Seuchen, Hagel, Wassersnot) oder gegen schädliche Einwirkungen in der Preisgestaltung (z. B. durch Schutzzölle) ergriffen werden,

β) oder **fördernde** Maßregeln, z. B. Verbesserungen des Betriebes durch Versuchsstationen, Lehrer, Vereine oder durch gemeinsame Mitarbeit, z. B. Genossenschaften, durchgeführt werden;

b) **Steigerung des Rohertrages** der Wirtschaft, und zwar derart, daß das Interesse des Einzelnen überboten wird.

II. Eigentum und Grund und Boden muß **individualistisch** sein, denn geschichtlich ist Verschiedenheit der agrarischen Zustände im einzelnen begründet; Verwirklichung einer gesunden Agrarpolitik ist ebenfalls nur durch verschiedenartige Verhältnisse in Betrieb und Eigentum zu ermöglichen.

§ 10. Arten der Eigentumspolitik.

Arten der Eigentumspolitik sind:

a) konservativ: bezweckt Erhaltung des bestehenden, als gesund erkannten Zustandes;

b) reformatorisch: erstrebt Veränderung der bestehenden, als ungesund erkannten Zustände.

Konservative Eigentumspolitik bestrebt Maßregeln zur Verhinderung einer Vergrößerung der Konzentration oder zur Verhütung der Dezentralisation des Eigentums; die Bestrebung, das Eigentum in wenigen Händen zu konzentrieren, z. B. Beförderung der Fideikommisse, ist nicht besonders stark entwickelt. Dagegen Bewegung nach größerer Dezentralisation. Maßregeln hierfür können den Rechtsverkehr unter Lebenden oder das Erbrecht betreffen.

Insbesondere:

a) **Schließung der Güter**, d. h. gewisse Güter werden gesetzlich für unteilbar erklärt; statt dessen möglich, daß eine Parzellierung an behördliche Genehmigung gebunden wird.

b) **Überwachung** oder Untersagung der Güterschlächterei.

c) **Regelung des Erbrechtes** in der Weise, daß ein Gut beim Tode seines Eigentümers nicht unter die Miterben ausgeteilt, sondern von einem Erben ungeteilt übernommen wird.

α) Zwangserbenrecht: die Schließung des Gutes muß zur Folge haben, daß das Gut nur in die Hand des einen Miterben kommt;

β) subsidiäres Anerbenrecht: das Gut kann an den Anerben allein kommen, wenn der Erblasser testamentslos verstorben ist (z. B. Höferolle).

Nachteile des Anerbenrechtes:

1. Verkürzung der Miterben,
2. unverhältnismäßige Verschuldung des Anerben zum Zwecke der Abfindung der Miterben,
3. Starrheit des Eigentums.

Über gesetzliche Regelung des Anerbenrechtes in Preußen vgl. Grundriß Band 22.

Reformatorische Eigentumspolitik bestrebt die Schaffung neuer Wirtschaftseinheiten innerhalb des Bereiches des Großgrundbesitzes (**innere Kolonisation**):

a) Schaffung selbständiger Bauernstellen,
b) Durchführung der inneren Kolonisation durch den Staat, namentlich auch im Wege der Expropriation,
c) Aufsichtsrecht des Staates in die Wirtschaftsverhältnisse der Einzelnen, insbesondere auch ein Einspruchsrecht bei Mißwirtschaft,
d) Regelung der Lebenshaltung und der wirtschaftlichen Verhältnisse der Kolonisten nach Zweckmäßigkeit,
e) genossenschaftliche Selbstverwaltung für das Gebiet der inneren Kolonisation.

§ 11. Landwirtschaftlicher Kredit.

Durch die Kapitalverschuldung erwachsen dem bäuerlichen Grundbesitze große Gefahren, da ihm zur Tilgung oder zur Beschaffung neuer Kapitalien nur die Besorgung von Kredit im Wege der privaten Verschuldung offen bleibt.

Gesetzliches Kreditverbot erscheint zwecklos und sachlich unbegründet; vielmehr ist anzustreben:

a) Ablösung der Kapitalverschuldung im Wege der Rentenverschuldung,
b) gemeinwirtschaftlicher Kredit an Stelle des privatwirtschaftlichen Kredites.

Über Rentenbanken vgl. Grundriß Band 22.

2. Kapitel.

Gewerbewesen.

§ 12. Die Betriebssysteme.

Gewerbewesen umfaßt die Gesamtheit der wirtschaftlichen Erscheinungen, die von Menschen zum Zwecke der Bearbeitung, Erhaltung, Verbesserung der ihnen dienstbar gemachten Stoffe hervorgerufen wird.

Arbeit und Arbeitsmittel sind im Gewerbe **unbegrenzt steigerungsfähig**; **insbesondere Arbeitsteilung** und **Arbeitsvereinigung**.

Naturkräfte werden dem Gewerbe dienstbar gemacht; die Grenzen sind hier durch die Natur nicht so eng wie im Agrarwesen gezogen.

Arten der Systeme des gewerblichen Betriebes:

a) **Handwerksbetrieb** ist der Arbeitsprozeß, bei dem als Produzent ein Einzelner (höchstens von nur wenigen Helfern unterstützter) mit eigener Arbeitskraft unter Anwendung von Werkzeugen eine Arbeit objektiv bis zu einer gewissen Stufe der Vollendung (oder bis zur Vollendung selbst) schafft. Der Produzent leistet die Arbeit sowohl geistig, wie mechanisch selbst.

b) **Einfache Kooperation** ist der kombinierte gesellschaftliche Arbeitsprozeß, bei dem eine Zahl von Produzenten ohne Arbeitsteilung und ohne Maschine zusammen arbeiten. Hierdurch wird insbesondere erreicht, daß die räumliche Wirkungssphäre ausgedehnt, die mechanische Kraftpotenz ausgenutzt und erhöht, das örtliche Produktionsfeld verengt wird, daß ferner die Produktionsmittel ökonomisch verwertet und Beständigkeit in der Arbeit erzeugt wird.

c) **Manufaktur** ist eine Kooperation mit Arbeitsteilung, die entstehen kann durch Vereinigung mehrerer, früher selbständiger Handwerker verschiedener Zweige oder durch Auflösung eines früher in sich geschlossenen Handwerkes in seine verschiedenen Zweige. Manufaktur kann heterogen oder homogen sein.

Vorteile der Manufaktur: Erhöhung der Produktivkraft des einzelnen Teilnehmers, Vervollkommnung der Arbeitsmittel (Werkzeuge). Überleitung zur Maschine.

d) **Fabrik** ist eine Kooperation mit Maschinenbetrieb in einer Werkstatt. Insbesondere Funktionen der Maschine: Bewegungsmaschine, Transmissionsmechanismus, Werkzeug- oder Arbeitsmaschine (zum Ersatz der Tätigkeit des Arbeiters mit entsprechenden Arbeitsmitteln).

Wirkungen der Maschine:

a) Steigerung der Produktion nach Quantität und Qualität,

b) Ersetzung der Arbeit des selbständigen Arbeiters durch die Tätigkeit der Maschine,

c) Umwandelung der menschlichen Arbeitskraft in die Tätigkeit des Bewachens und Bedienens der Maschine.

1. Abschnitt:

Geschichte des Gewerbewesens.

§ 13. Ältere Entwickelung.

Entwickelung des Gewerbes entspricht dem jeweiligen Systeme; vgl. Grundriß 25, 18.

Gewerbliche Produktion ursprünglich lediglich zur Deckung des eigenen Bedarfes an Gebrauchsgütern, Technik sehr einfach.

In der stadtwirtschaftlichen Periode: Entwickelung berufsmäßiger Gewerbetätigkeit; Bildung eines Handwerkerstandes.

Mittelalterliches Handwerk: Produktion ist Kostenproduktion, also begrenztes Absatzgebiet. Arbeitsprozeß der Überlieferung entsprechend und einfach gestaltet; Teilnahme an den Gewerben homogen, ohne soziale Unterschiede. Standesbewußtsein der Handwerker erfordert Ermöglichung entsprechender Existenz für die beschränkte Zahl der Gewerbetreibenden; daher Organisation des Handwerkes in Zünften.

§ 14. Die Einwirkung des Kapitales.

Durch den Kapitalismus wird die gewerbliche Produktion revolutioniert; der **Kapitalismus erstrebt Gewinn durch Verwendung fremder Arbeit zur Nutzbarmachung des Kapitales.** Daher verwendet der Unternehmer besitzloses Proletariat und wirkt auf Warenproduktion hin. Mittelbare Folge: Verbesserung der Technik.

Durch den Kapitalismus hervorgerufene Systeme:

a) Verlagssystem oder Hausindustrie: der Unternehmer verwendet gewerbliche Arbeiter, die den Produktionsprozeß bei sich, in ihrer Wohnung, vor sich gehen lassen;

b) Vereinigung der Arbeiter durch den Unternehmer in geschlossenen Etablissements;

c) Fabrik unter Verwendung maschineller Einrichtung.

Ausgangspunkt der fabrikmäßigen Produktion ist die Baumwollindustrie in **England**. Erfindung der Spinnmaschine 1764—1775 durch Hargreaves und Arkwright; Erfindung des mechanischen Webstuhles 1785—1790 durch Cartwright; Erfindung der Dampfmaschine 1790 durch James Watt.

Verhalten der bestehenden Einrichtungen zum Kapitalismus:

a) anfänglich versucht die Zunftorganisation, die Industrie sich zu unterwerfen;

b) im 17. und 18. Jahrhunderte will der Staat den Kapitalismus fördern, aber ihn unter die Schablone der Staatswirtschaft bringen;

c) Abschaffung der Beschränkungen im Gewerbe durch Einführung der Gewerbefreiheit.

Allgemeine Bestimmungen der Gewerbeordnung für das Deutsche Reich vom 26. Juli 1900:

Der Betrieb eines Gewerbes ist jedermann gestattet, soweit nicht durch die Gewerbeordnung Ausnahmen oder Beschränkungen vorgeschrieben oder zugelassen sind.

Die Unterscheidung zwischen Stadt und Land in Bezug auf den Gewerbebetrieb und seine Ausdehnung hört auf.

Der gleichzeitige Betrieb verschiedener Gewerbe, sowie desselben Gewerbes in mehreren Betriebs- oder Verkaufsstätten ist gestattet. Eine Beschränkung der Handwerker auf den Verkauf der selbstverfertigten Waren findet nicht statt.

Zünfte und kaufmännische Korporationen haben nicht das Recht, Personen von dem Betriebe eines Gewerbes auszuschließen.

Das Geschlecht begründet in Beziehung auf die Befugnis zum selbständigen Betriebe eines Gewerbes keinen Unterschied.

Von dem Besitze des Bürgerrechtes soll die Zulassung zu dem Gewerbebetriebe in keiner Gemeinde und bei keinem Gewerbe abhängig sein.

Die Gewerbeordnung findet keine Anwendung auf die Fischerei, die Errichtung und Verlegung von Apotheken, die Erziehung von Kindern gegen Entgelt, das Unterrichtswesen, die advokatorische und Notariatspraxis, den Gewerbebetrieb der Auswanderungsunternehmer und Auswanderungsagenten, der Versicherungsunternehmer und der Eisenbahnunternehmer, die Befugnis zum Halten öffentlicher Fähren und die Rechtsverhältnisse der Schiffsmannschaften auf den Seeschiffen.

Auf das Bergwesen, die Ausübung der Heilkunde, den Verkauf von Arzneimitteln, den Vertrieb von Lotterielosen und die Viehzucht findet die Gewerbeordnung nur insoweit Anwendung, als dies ausdrücklich bestimmt ist.

2. Abschnitt:

Das moderne Gewerbewesen.

§ 15. Die Formen gewerblicher Betätigung.

In der Gegenwart bestehen **nebeneinander**:

a) **Hausgewerbe** zur Herstellung von Gebrauchsgütern für die Wirtschaft der Familie;

b) **Handwerk** zur Herstellung von Tauschgütern für den lokalen Markt;

c) **Industrie** zur Herstellung von Waren für den großen Markt.

Industrie scheidet sich in:

a) Hausindustrie oder Kleinbetrieb,

b) Großindustrie oder Großbetrieb.

Charakter der **gewerblichen Konkurrenz**:

a) unbegrenzter Markt,

b) Unberechenbarkeit der Preisgestaltung, insbesondere Möglichkeit beliebiger Unterbietung,

c) regelmäßig unbegrenzbare Produktion,

d) Leichtigkeit der Beförderung der gewerblichen Produkte und damit Überwindung des Raumes.

§ 16. Die gewerblichen Arbeiter.

Gewerbliche Arbeiter sind diejenigen Personen, die in den Gewerben an der Produktion unselbständig teilnehmen.

Arten der gewerblichen Arbeiter:

a) Arbeiter im Handwerke, z. B. Gesellen, Lehrlinge;

b) Arbeiter in der kapitalistischen Unternehmung, insbesondere: gelernte und ungelernte Arbeiter.

Zu den gewerblichen Arbeitern gehören **nicht** diejenigen Personen, die in der kapitalistischen Unternehmung mit der Verwaltung der gewerblichen Einrichtung betraut sind.

Einteilungen der gewerblichen Arbeiter:

a) nach dem Geschlecht: männliche und weibliche;

b) nach dem Alter: erwachsene, jugendliche, kindliche;

c) Fabrikarbeiter (Lohnsystem) und Heimarbeiter (Kaufsystem).

Gewerblicher Arbeiter verdingt sich zur Leistung von Arbeit gegen **reinen Geldlohn** und mit kurzer Kündigungsfrist.

§ 17. Die Unternehmerverbände.

Kartell (Syndikat, Unternehmerverband) ist die Vereinbarung zwischen Unternehmern desselben Gewerbezweiges, auf bestimmte Zeit für die Produktion oder für die Preisgestaltung gewisse Normen gelten zu lassen.

Aus dem Kartell in dieser ursprünglichen Form ist der moderne **Trust** entstanden, d. i. ein Verband von Produzenten zum Zwecke der Bekämpfung der Anarchie in der Produktion durch das Großkapital.

§ 18. Die Handwerkerbewegung.

Die Bestrebungen zur Stärkung der Handwerker in ökonomischer Beziehung aus eigener Kraft zielen namentlich auf Zusammenschluß von Innungen, Bildung von Genossenschaften (vgl. Grundriß 25, 32), Verwendung von Kleinkraftmaschinen.

§ 19. Die Lage der Arbeiterklasse.

Die Arbeiterklasse als persönlicher Produktionsfaktor wird häufig im Konkurrenzkampfe bei sinkenden Preisen zwecks Ersparnis an Kosten gedrückt. Insbesondere sind als **konstitutionelle Mängel** der Lage der Arbeiter zu beobachten:

1. übermäßige Arbeitszeit,
2. niedrige Löhne,
3. ungesunde Arbeitsräume und gesundheitsschädliche Betriebe,
4. Unsicherheit des Verdienstes,
5. Beschäftigen von weiblichen Arbeitern,
6. Beschäftigung von jugendlichen Arbeitern und Kindern.

Folgen des Auftretens dieser konstitutionellen Mängel:

a) unmittelbar: Erschütterung oder Vernichtung der wirtschaftlichen Existenz des Arbeiters im Falle der Erwerbslosigkeit,

b) mittelbar: Erniedrigung und Unterdrückung der Arbeiterklasse als Gesamtheit ruinierter Existenzen.

Gegenbewegung gegen die unglückliche Lage der Arbeiterklasse:

a) von der Seite der **Unternehmer** her in zwei Formen:

α) Wohlfahrtseinrichtungen, z. B. Wohnhäuser, Speisehallen, Kindergärten, Sparkassen;

β) gewerblicher Patriarchalismus: systematische Wohlfahrtseinrichtungen, die eine gegen Unglück gedeckte Existenz des Arbeiters herbeiführen wollen, aber auf dem Wege der Bevormundung in sämtlichen Lebensverhältnissen und unter Entziehung des Rechtes der freien Selbstbestimmung.

b) die proletarische Bewegung von seiten der **Arbeiter**:

α) die gewerkschaftliche Arbeiterbewegung,

β) die politische Arbeiterbewegung.

Beide Bewegungen beruhen darauf, den Widerspruch zwischen der tatsächlichen Leistung des Arbeiters und dem ihm von der kapitalistischen Unternehmung gewährten Äquivalente in dem Sinne einer Sicherung der Arbeiterexistenz zu lösen.

§ 20. Die gewerkschaftliche Arbeiterbewegung.

Gewerkschaft ist eine Vereinigung von Arbeitern, die den Zweck verfolgt, aus der eigenen Kraft des Arbeiters heraus ihre Mitglieder in Fällen der Arbeitslosigkeit zu unterstützen, beim Abschlusse von Arbeitsverträgen jedoch ihnen möglichst günstige Bedingungen zu sichern. Je nachdem der eine oder der andere dieser beiden Zwecke einseitig verfolgt wird, sind zu unterscheiden:

a) freie Hilfskassen oder Unterstützungsvereine,

b) Gewerkschaften im engeren Sinne (Kampfvereine).

Unterstützungsvereine bezwecken, durch regelmäßige Erhebung von Beiträgen ihre Mitglieder gegen die Gefahr der Erwerbslosigkeit zu sichern.

Die Gefahr der Erwerbslosigkeit kann eintreten: im Falle der Erkrankung, der Invalidität, des Unfalls, der Arbeitslosigkeit.

Über die Gesetzgebung vgl. weiter unten S. 30.

Gewerkschaften (Kampfvereine) bezwecken die Sicherung des einzelnen Arbeiters zur Erlangung möglichst günstiger Arbeitsbedingungen. Insbesondere:

a) Einwirkung auf den **Arbeitsmarkt** zu Gunsten des Arbeiters durch Arbeitsnachweis, Reiseunterstützung, Unterstützung in Fällen der Arbeitslosigkeit;

b) Stärkung der Arbeiter in Lohnkämpfen (**Streiks**) gegen die Unternehmer durch gemeinsame Aktionen, Fernhalten des Zuzuges, Gewährung von Streikgeldern;

c) Anbahnung und Leitung friedlicher Verhandlungen mit den Unternehmern als **Standesvertreter** der Arbeiter.

Arten der Organisation:

a) zentral,

b) lokal (entweder mit oder ohne Vertrauensmänner). Insbesondere: Bildung von Verbänden nach industriellen Berufen.

In Deutschland: Anfänge der Gewerkvereine 1865 (Buchdrucker, Tabakarbeiter), 1868 (Hirsch-Duncker); später sozialdemokratische Fachvereine.

Der **Streik** ist ein Kampfmittel der organisierten Arbeiter zum Zwecke der Lohnerhöhung oder zum Zwecke der Verkürzung der Arbeitszeit.

Wirkung eines Streikes ist abhängig:

a) von der Macht, die der streikenden Organisation zu Gebote steht, bezw. von der Kraft, mit der der Unternehmer dem Streike begegnet,

b) von der Konjunktur: Offensivstreiks bei steigender, Defensivstreiks bei sinkender Konjunktur.

Einigungsämter bezwecken die Vermeidung von Streiks im Wege friedlicher Vereinbarung.

Schiedsgerichte sollen in dem Falle entscheiden, wenn eine Vereinbarung durch das Einigungsamt nicht zu erreichen ist.

Arbeitskammern (Arbeitsbörsen) sind Organe der Arbeiterschaft zur Vertretung ihrer Interessen ohne Rücksicht auf die Gewerkschaft; entweder beratend (Kammer) oder als Arbeitsnachweis (Börse).

§ 21. Die politische Arbeiterbewegung.

Die politische Organisation der Arbeiter (**Sozialdemokratie**) bezweckt die selbständige Vertretung der Interessen der Arbeiterklasse, und zwar nicht nur politisch und demokratisch, sondern auch ökonomisch und sozialistisch.

Gründung einer selbständigen Arbeiterpartei in Deutschland durch Errichtung des allgemeinen deutschen Arbeitervereines am 23. Mai 1863 durch Ferdinand **Lassalle.** — Daneben die Marx-Engels'sche Richtung unter Führung von Bebel und Liebknecht: Gründung der internationalen Arbeiterassoziation 1864 und der sozialdemokratischen Arbeiterpartei zu Eisenach 1869.

Infolge polizeilicher Verfolgungen: Vereinigung dieser beiden getrennten Gruppen und Gründung der sozialistischen Arbeiterpartei zu Gotha 1875.

Anwachsen der Sozialdemokraten infolge des Sozialistengesetzes 1878—1890.

3. Abschnitt.

Gewerbepolitik.

§ 22. Der Schutz des Handwerkes.

Maßregeln zur **künstlichen Erhaltung** des Handwerkes:

a) Organisation der Handwerker zu einer Innung,

b) Einführung des Befähigungsnachweises in der Form:

α) des Verwendungsnachweises, d. i. Nachweis einer vorschriftsmäßigen Ausbildung,

β) der Ablegung einer Meisterprüfung.

Organisation der Handwerker auf Grund der Gewerbeordnung vom 26. Juli 1900 §§ 81—104n.

Innung: diejenigen, welche ein Gewerbe selbständig betreiben, können zur Förderung der gemeinsamen gewerblichen Interessen zu einer Innung zusammentreten.

Zwangsinnung: zur Wahrung der gemeinsamen gewerblichen Interessen der Handwerker gleicher oder verwandter Art ist durch die höhere Verwaltungsbehörde auf Antrag Beteiligter anzuordnen, daß innerhalb eines bestimmten Bezirkes sämtliche Gewerbetreibende, welche das gleiche oder verwandte Handwerk ausüben, einer neu zu errichtenden Innung als Mitglieder anzugehören haben, wenn:

a) die Mehrheit der beteiligten Gewerbetreibenden der Einführung des Beitrittszwanges zustimmt,

b) der Bezirk der Innung so abgegrenzt ist, daß kein Mitglied durch die Entfernung seines Wohnortes vom Sitze der Innung behindert wird, am Genossenschaftsleben teilzunehmen und die Innungseinrichtungen zu benutzen,

c) die Zahl der im Bezirke vorhandenen beteiligten Handwerker zur Bildung einer leistungsfähigen Innung ausreicht.

Die Innungen können unter ihrem Namen Rechte erwerben und Verbindlichkeiten eingehen, vor Gericht klagen und verklagt werden; für ihre Verbindlichkeiten haftet den Gläubigern nur ihr Vermögen.

Für alle oder mehrere derselben Aufsichtsbehörde unterstehende Innungen kann ein gemeinsamer **Innungsausschuß** gebildet werden.

Handwerkskammern werden zur Vertretung der Interessen des Handwerkes ihres Bezirkes errichtet.

Wählbar zum Mitgliede einer Handwerkskammer ist, wer die Fähigkeit zum Schöffenamte besitzt, wenigstens dreißig Jahre alt ist, im Bezirke der Handwerkskammer ein Handwerk mindestens seit drei Jahren selbständig betreibt und zur Anlernung von Lehrlingen befugt ist.

Aufgaben der Handwerkskammer:

a) die nähere Regelung des Lehrlingswesens,

b) die Durchführung der für das Lehrlingswesen geltenden Vorschriften zu überwachen,

c) die Staats- und Gemeindebehörden in der Förderung des Handwerkes durch tatsächliche Mitteilungen und Erstattung von Gutachten über Fragen zu unterstützen, welche die Verhältnisse der Handwerker berühren,

d) Wünsche und Anträge, welche die Verhältnisse des Handwerkes berühren, zu beraten und den Behörden vorzulegen, sowie Jahresberichte über ihre, die Verhältnisse des Handwerkes betreffenden Wahrnehmungen zu erstatten,

e) die Bildung von Prüfungsausschüssen zur Abnahme der Gesellenprüfung,

f) die Bildung von Ausschüssen zur Entscheidung über Beanstandungen von Beschlüssen der Prüfungsausschüsse.

Die Handwerkskammer soll in allen wichtigen, die Gesamtinteressen des Handwerkes oder die Interessen einzelner Zweige desselben berührenden Angelegenheiten gehört werden.

Sie ist befugt, Veranstaltungen zur Förderung der gewerblichen, technischen und sittlichen Ausbildung der Meister, Gesellen (Gehilfen) und Lehrlinge zu treffen, sowie Fachschulen zu errichten und zu unterstützen.

Die Innungen und Innungsausschüsse sind verpflichtet, den von der Handwerkskammer innerhalb ihrer Zuständigkeit erlassenen Anordnungen Folge zu leisten.

Innungen, welche nicht derselben Aufsichtsbehörde unterstehen, können zu einem Innungsverbande zusammentreten.

Meistertitel: den Meistertitel in Verbindung mit der Bezeichnung des Handwerkes dürfen nur Handwerker führen, wenn sie in ihrem Gewerbe die Befugnis zur Anleitung von Lehrlingen erworben und die Meisterprüfung bestanden haben; zur letzteren sind sie in der Regel nur zuzulassen, wenn sie mindestens drei Jahre als Geselle (Gehilfe) in ihrem Gewerbe tätig gewesen sind.

Befähigungsnachweis besteht nach der Gewerbeordnung nicht für Handwerker.

§ 23. Der staatliche Schutz der Arbeiter.

Arbeiterschutz (Fabrikgesetzgebung) bezweckt die Vertragsfreiheit des Arbeitsverhältnisses im Sinne einer Fürsorge für die Arbeiter gesetzlich zu beschränken. — Arbeiterschutz bildet einen Teil der sozialen Gesetzgebung, die nach folgenden Richtungen hin eine Förderung und Sicherung der Interessen der Arbeiter und der Unternehmer zu erreichen bestimmt ist:

1. **Gewerbegerichte,** eingeführt durch Reichsgesetz vom 29. Juli 1890, abgeändert durch Gewerbegerichtsgesetz vom 30. Juni 1901.

Für die Entscheidung von gewerblichen Streitigkeiten zwischen Arbeitern einerseits und ihren Arbeitgebern andererseits, sowie zwischen Arbeitern desselben Arbeitgebers können Gewerbegerichte errichtet werden.

Arbeiter im Sinne des Gewerbegerichtsgesetzes sind diejenigen Gesellen, Gehilfen, Fabrikarbeiter und Lehrlinge, auf welche der siebente Titel der Gewerbeordnung Anwendung findet;

ferner Betriebsbeamte, Werkmeister und mit höheren technischen Dienstleistungen betraute Angestellte, deren Jahresarbeitsverdienst an Lohn oder Gehalt 2000 Mark nicht übersteigt.

Die Gewerbegerichte sind ohne Rücksicht auf den Wert des Streitgegenstandes **zuständig** für Streitigkeiten:

a) über den Antritt, die Fortsetzung oder die Auflösung des Arbeitsverhältnisses, sowie über die Aushändigung oder den Inhalt des Arbeitsbuches, Zeugnisses, Lohnbuches, Arbeitszettels oder Lohnzahlungsbuches,

b) über die Leistungen aus dem Arbeitsverhältnisse,

c) über die Rückgabe von Zeugnissen, Büchern, Legitimationspapieren, Urkunden, Gerätschaften, Kleidungsstücken, Kautionen u. dgl., welche aus Anlaß des Arbeitsverhältnisses übergeben worden sind,

d) über Ansprüche auf Schadensersatz oder auf Zahlung einer Vertragsstrafe wegen Nichterfüllung oder nicht gehöriger Erfüllung der Verpflichtungen, welche die unter a bis c bezeichneten Gegenstände betreffen, sowie wegen gesetzwidriger Eintragungen in Arbeitsbücher, Zeugnisse, Lohnbücher, Arbeitszettel, Lohnzahlungsbücher, Krankenkassenbücher oder Quittungskarten der Invalidenversicherung,

e) über die Berechnung und Anrechnung der von den Arbeitern zu leistenden Krankenversicherungsbeiträge und Eintrittsgelder,

f) über die Ansprüche, welche auf Grund der Übernahme einer gemeinsamen Arbeit von Arbeitern desselben Arbeitgebers gegeneinander erhoben werden.

Ferner sind die Gewerbegerichte zuständig für Streitigkeiten der Heimarbeiter oder Hausgewerbetreibenden mit den Arbeitgebern (a bis e) oder untereinander (f), sofern der Arbeitgeber Rohstoffe oder Halbfabrikate zur Bearbeitung oder Verarbeitung ihnen liefert.

Durch die Zuständigkeit eines Gewerbegerichtes wird die Zuständigkeit der ordentlichen Gerichte **ausgeschlossen.**

Vorsitzender (bezw. Stellvertreter) eines Gewerbegerichtes darf weder Arbeitgeber noch Arbeiter sein.

Beisitzer eines Gewerbegerichtes müssen zur Hälfte aus den Arbeitgebern, zur Hälfte aus den Arbeitern entnommen werden.

II. **Schiedsgerichte** zur Schlichtung von Streitigkeiten zwischen Unternehmern und Arbeitern sind bisher gesetzlich in Deutschland nicht eingeführt.

III. **Arbeiterschutzgesetzgebung:**

a) **Verbot der Beschäftigung** von gewissen nach Alter oder Geschlecht bestimmten Kategorieen überhaupt oder bei bestimmten Arbeiten:

α) Kinder unter dreizehn Jahren dürfen in Fabriken nicht beschäftigt werden,

β) Kinder über dreizehn Jahre dürfen in Fabriken nur beschäftigt werden, wenn sie nicht mehr volksschulpflichtig sind,

γ) Kinder unter vierzehn Jahren dürfen täglich nicht mehr als sechs Stunden beschäftigt werden,

δ) junge Leute zwischen vierzehn und sechzehn Jahren dürfen in Fabriken nicht länger als zehn Stunden täglich beschäftigt werden,

ε) Arbeiterinnen dürfen in Fabriken nicht in der Nachtzeit von $8^1/_2$ Uhr abends bis $5^1/_2$ Uhr morgens und am Sonnabend sowie an Vorabenden der Festtage nicht nach $5^1/_2$ Uhr nachmittags beschäftigt werden,

ζ) der Bundesrat kann die Verwendung von Arbeiterinnen und jugendlichen Arbeitern für gewisse Fabrikationszweige, die mit besonderen Gefahren für Gesundheit und Sittlichkeit verbunden sind, gänzlich untersagen oder von besonderen Bedingungen abhängig zu machen.

b) Erlaß einer **Arbeitsordnung** über Arbeitszeit, Lohnzahlung, Kündigung und Entlassung, Bestrafungen,

c) Einsetzung eines **Arbeiterausschusses,**

d) **Verbot des Trucksystems,**

e) Einsetzung von Aufsichtsbeamten über die Befolgung der gesetzlichen Vorschriften und über den Gesundheitszustand der Arbeiter; nach der preußischen Dienstanweisung für **Gewerbeinspektoren** vom 23. März 1892 sind diese Aufsichtsbeamten auch zur amtlichen Prüfung der Dampfkessel zuständig, seit 1897 ist dies indessen den Ingenieuren der Dampfkesselüberwachungsvereine übertragen worden.

IV. **Fürsorge bei Unfähigkeit** zur Arbeit und **bei Arbeitslosigkeit**:

a) **Krankenversicherungsgesetz** vom 25. Mai 1903. § 1 bestimmt:

Personen, welche gegen Gehalt oder Lohn beschäftigt sind:

1. in Bergwerken, Salinen, Aufbereitungsanstalten, Brüchen und Gruben, in Fabriken und Hüttenwerken, beim Eisenbahn-, Binnenschiffahrts- und Baggerei-Betriebe, auf Werften und bei Bauten,
2. im Handelsgewerbe, im Handwerk und in sonstigen stehenden Gewerbebetrieben,

2a. in dem Geschäftsbetriebe der Anwälte, Notare und Gerichtsvollzieher, der Krankenkassen, Berufsgenossenschaften und Versicherungsanstalten,

3. in Betrieben, in denen Dampfkessel oder durch elementare Kraft (Wind, Wasser, Dampf, Gas, heiße Luft 2c.) bewegte Triebwerke zur Verwendung kommen, sofern diese Verwendung nicht ausschließlich in vorübergehender Benutzung einer nicht zur Betriebsanlage gehörenden Kraftmaschine gehört,

sind, sofern nicht die Beschäftigung durch die Natur ihres Gegenstandes oder im voraus durch den Arbeitsvertrag auf einen Zeitraum von weniger als einer Woche beschränkt ist, gegen Krankheit zu versichern.

b) **Invalidenversicherungsgesetz** vom 19. Juli 1899 bestimmt in § 1:

Vom vollendeten sechzehnten Lebensjahre ab werden versichert:

1. Personen, welche als Arbeiter, Gehilfen, Gesellen, Lehrlinge oder Dienstboten gegen Lohn oder Gehalt beschäftigt werden,

2. Betriebsbeamte, Werkmeister und Techniker, Handlungsgehilfen und Lehrlinge (ausschließlich der in Apotheken beschäftigten Gehilfen und Lehrlinge), sonstige Angestellte, deren dienstliche Beschäftigung ihren Hauptberuf bildet, sowie Lehrer und Erzieher, sämtlich, sofern sie Lohn oder Gehalt beziehen, ihr regelmäßiger Jahresarbeitsverdienst aber 2000 Mark nicht übersteigt,

3. die gegen Lohn oder Gehalt beschäftigten Personen der Schiffsbesatzungen deutscher Seefahrzeuge und von Fahrzeugen der Binnenschiffahrt.

Gegenstand der Versicherung ist der Anspruch auf Gewährung:

einer Invalidenrente für denjenigen, der dauernd erwerbsunfähig ist,

einer Altersrente für denjenigen, der das siebzigste Lebensjahr vollendet hat.

c) **Gewerbeunfallversicherungsgesetz** vom 5. Juli 1900 bestimmt in § 1:

Alle Arbeiter und Betriebsbeamte, letztere, sofern ihr Arbeitsjahresverdienst an Lohn oder Gehalt 3000 Mark nicht übersteigt, werden gegen die Folgen der bei dem Betriebe sich ereignenden Unfälle versichert, wenn sie beschäftigt sind:

1. in Bergwerken, Salinen, Aufbereitungsanstalten, Steinbrüchen, Gräbereien (Gruben), auf Werften und Bauhöfen, sowie in Fabriken, gewerblichen Brauereien und Hüttenwerken,

2. in Gewerbebetrieben, welche auf die Ausführung von Mauer-, Zimmer-, Dachdecker- oder sonstigen durch Beschluß des Bundesrates für versicherungspflichtig erklärten Bauarbeiten oder von Steinhauer-, Schlosser-, Schmiede- oder Brunnenarbeiten sich erstrecken, sowie im Schornsteinfeger-, Fensterputzer- und Fleischergewerbe,

3. im gesamten Betriebe der Post-, Telegraphen- und Eisenbahnverwaltungen, sowie in Betrieben der Marine- und Heeresverwaltung, und zwar einschließlich der Bauten, welche von diesen Verwaltungen für eigene Rechnung ausgeführt werden,

4. im gewerbsmäßigen Fuhrwerks=, Binnenschiffahrts=, Flößerei=, Prahm= und Fährbetriebe, im Gewerbebetriebe des Schiffsziehens (Treidelei) sowie im Baggereibetriebe,
5. im gewerbsmäßigen Speditions=, Speicher=, Lagerei= und Kellereibetriebe,
6. im Gewerbebetriebe der Güterpacker, Güterlader, Schaffer, Bracker, Wäger, Messer, Schauer und Stauer,
7. in Lagerungs=, Holzfällungs= oder der Beförderung von Personen oder Gütern dienenden Betrieben, wenn sie mit einem Handelsgewerbe, dessen Inhaber im Handelsregister eingetragen ist, verbunden sind.

Gegenstand der Versicherung ist der Ersatz des Schadens, welcher durch Körperverletzung oder Tötung entsteht.

V. Organisation des **Arbeitsnachweises.**

VI. Bestrebungen zur Versicherung gegen **Arbeitslosigkeit.**

3. Kapitel.

Der Handel.

§ 24. Handel und Produktion.

Handel im weiteren Sinne ist die Gesamtheit der auf den Austausch von Gebrauchsgütern gerichteten Tätigkeit.

Handel im engeren Sinne ist der zum Zwecke des Gewinnes von bestimmten Klassen berufsmäßig betriebene Güteraustausch.

Verkehr bezweckt die Beförderung von Menschen, Sachgütern oder Nachrichten. **Verkehrsgewerbe** ist die berufsmäßige Ausübung des Verkehres zu Gewinnzwecken.

Arten des Handels:

a) Großhandel (Engros) und Kleinhandel (Detail),
b) Binnenhandel und Außenhandel,
c) Einfuhrhandel (Import) und Ausfuhrhandel (Export),
d) Tauschhandel (Baratto) und Kaufhandel,
e) Aktivhandel und Passivhandel,

f) Warenhandel und Effektenhandel,
g) Eigenhandel und Kommissionshandel,
h) seßhafter und Hausierhandel.

Ursprünglich bei sich selbst genügender Wirtschaft lediglich Tauschhandel; im Anfange der Verkehrswirtschaft umfaßt der Handel alle Funktionen, z. B. Geldwechsel, Transport, Beherbergung. Später Spezialisierung durch Loslösung selbständig entwickelter Zweige.

Der moderne Handel hat die Tendenz, Kapital zu konzentrieren und den Betrieb zu vergrößern.

Gegenbewegung bezweckt, den Handel ganz oder zum Teile auszuscheiden:

a) von seiten der Produzenten: durch eigenen Vertrieb ihrer Produkte, z. B. Verkaufsstellen der Produktionsgenossenschaften, Reisende der Fabriken,

b) von seiten der Konsumenten: durch Organisation zwecks vorteilhaften Einkaufes ohne Vermittelung durch den Zwischenhandel, z. B. Offiziersverein, Beamtenwarenhaus, Konsumverein.

§ 25. Handelspolitik.

Bis zum Ende des Mittelalters: städtische Handelsgesetzgebung, um den Handel den städtischen Interessen entsprechend zu verwenden, insbesondere:

a) **Marktrecht**: Marktfrieden und Geleite unter kaiserlichem Bann zum Schutze gegen das Faustrecht,

b) **Stapelrecht**: Waren, die an dem Gebiete oder durch das Gebiet einer Stadt gebracht werden, müssen zum öffentlichen Verkaufe an bestimmten Plätzen der Stadt eine gewisse Zeit ausgelegt werden; jedoch bestand dieser Zwang nur für Stapelgüter (bestimmte, von der Stadt als solche bezeichnete Waren),

c) **Umschlagsrecht**: vorbeigehende Güter müssen umgeladen werden und können ausschließlich durch die Stapelgenossen weiterbefördert werden,

d) **Krahnrecht**: die Ware kann angehalten, abgeladen und zum Zwecke der Zollkontrolle nachgewogen oder gemessen werden,

e) **Straßenzwang**, mit dem unter b) erwähnten Rechte verbunden,

f) **Fremdenrecht**.

Vom sechzehnten bis zum neunzehnten Jahrhundert: staatlicher Merkantilismus zum Zwecke der Förderung des Außenhandels und der Schiffahrt, insbesondere durch Erleichterung des Verkehres im Inlande, Bekämpfung des fremden Handels, Unterstützung der heimischen Schiffahrt, freie Einführung von Rohstoffen, Einfuhrverbot für Produkte der fremden Industrie, Ausfuhrprämien für die nationale Industrie.

Freihandel seit Mitte des neunzehnten Jahrhunderts in England, später in den übrigen Staaten Europas.

Protektionismus seit Ende der siebziger Jahre (Tarifreform im Deutschen Reiche).

Handelsvertragspolitik (im Deutschen Reiche seit 1892).

Druck von A. W. Hayn's Erben, Berlin und Potsdam.

FSC
www.fsc.org
MIX
Papier | Fördert
gute Waldnutzung
FSC® C083411

Kolibri 360 GmbH
Ferdinand-Jühlke-Straße 7
99095 Erfurt, Deutschland
produktsicherheit@kolibri360.de